我来创造未来世界

设计一座园林

【法】安妮·博迪耶 / 著
【法】约瑟芬·范德杜特 / 绘
周游 / 译

上海社会科学院出版社
SHANGHAI ACADEMY OF SOCIAL SCIENCES PRESS

诺拉和亚历克斯对植物和园林十分着迷。于是，他们决定一起去探索植物世界，学习园林建造艺术，并创建出自己的园林。希望你能帮助他们完成这项工作！

季节

除了针叶树、冬青、女贞和月桂等常绿植物，大部分树木的叶子都落光了。冬天还没结束，一些植物的花朵已悄然绽放，比如番红花。迎春花、雪花莲和铁筷子会在每年冬末春初时期盛开。

这是一个生机盎然的季节！天气回暖，植物开始发芽、开花。许多鳞茎植物争奇斗艳：风信子、水仙、郁金香……

夏季光照时间更长，许多植物进入盛花期，比如玫瑰、薰衣草、雏菊、天竺葵……

天气逐渐转凉，白昼越来越短，越来越不利于植物开花。大丽花和菊花能够适应秋天的天气条件，会在这个时节开花。落叶树的叶子开始掉落。

园林的历史

古埃及园林早已不复存在，只剩下一些壁画记载。古希腊人在公元前 4 世纪就有关于园林的记载。到了中世纪，出现了实用性园林的概念。人们把园地分成不同的功能区域，特别是在修道院里，会有菜园、果园和草药园。

△内巴蒙墓彩绘墙壁的碎片

人类建造园林的历史已经长达数千年了。

△英国坎特伯雷大教堂外的草药园

△沃勒维贡特城堡

文艺复兴时期的园林，设计灵感来自以石头和水为构成要素的古代园林。人们把灌木修剪成几何形状，其中最常用到的灌木是黄杨。当时出现的树篱迷宫是这种园林艺术的巅峰之作。

△树篱迷宫

到了 17 世纪，法式园林开始盛行。它们继承了文艺复兴时期的设计元素，但占地极为广阔，其中，林荫大道处于园林的中心。路易十四的园林设计师安德烈·勒诺特尔是第一个向我们展示这种园林魅力的大师，如今我们在凡尔赛宫和沃勒维贡特城堡，仍然可以欣赏到他的杰作。

18 世纪的英式园林更加贴近自然，设计师们摒弃了几何构图方式，转而从自然景物中汲取灵感。园中的自然景观看上去就像一幅画卷。直到今天，园林设计师在设计时仍然喜欢模仿这种园林。

21 世纪，人们对生态的关注影响到了园林设计，比如设计师们开始使用只需很少水量就能生长良好的植物。城市会留出比较多的空间来建造花园。如果空间有限，也会尽可能多地铺设绿地。禾本植物和抗性好的花卉在园林设计中都很受欢迎。

△纽约的高线公园

请画出一幅迷宫平面图，让诺拉可以沿着其中一条道路找到亚历克斯。

土地和气候

由于温度、降雨频率、海拔高度和光照的差异，自然界中的植物分布地区各不相同。

在气候炎热干燥的地区，比如地中海沿岸（地图上的黄色部分），只有喜高温、耐干旱的植物才能适应。

棕榈树　　叶子花

在气候温和，也就是温带海洋性气候的地区（地图上的蓝色部分），植物种类繁多。这里的植物需要能够适应频繁降雨，还得能够抵御冬季的低温。这个地区的森林里分布着各种各样的阔叶树和针叶树。

油菜花　　虞美人

温带大陆性气候地区（地图上的绿色部分），四季分明，适合能耐寒耐旱的植物生长，比如果树和玫瑰。

苹果树　　蒲公英

高山气候地区（地图上的紫色部分）冬季寒冷漫长，这里拥有特殊的植被，比如高山植物和能够适应低温和冰雪的针叶树。

黄龙胆　　针叶林

绘制一个你想象中的花园，把不同种类的植物混种在一起吧。

法式园林

黄杨经常会遭到螟蛾科昆虫幼虫的侵害。

法式园林，以几何图案和精心修剪的乔木和灌木丛为主要特点，在17世纪盛极一时。

维朗德里城堡以其菜园闻名于世，花坛同样拥有精心修剪的黄杨灌木。

最著名的法式园林之一就是凡尔赛宫的花园。在法式园林的设计中，花坛是对称排列的，并且经常将水景融入其中。喷泉装点其间，象征着人类对自然的掌控。园中还会陈列人物或动物的雕塑。

在凡尔赛宫橘园的庭院中，花坛周围环绕着修剪过的红豆杉、棕榈树和橘树盆栽。

△法国维朗德里城堡的花园

△法国凡尔赛宫的橘园

人们在其他国家也能看到这一类型的园林，比如在英国就有法式花园。

△英国柴郡的小莫顿庄园

请用你的画笔来完成这个法式园林的设计吧。先把黄杨灌木丛涂上颜色，
再给花坛装点一些鲜花，在树枝上画出树叶，你也可以在花园里摆放几尊雕像。

英式园林

只有在英国才能见到漂亮的英式园林！

与注重几何图案和规整性的法式园林不同，英式园林更倾向于贴近自然。追求天然并不意味着放任不管！所有的花坛和草坪都是经过精心设计而修建成的，并且都有专人仔细维护。

英式园林中，所有的小径，不论是笔直延伸的还是蜿蜒曲折的，都是经过精心维护的，而且小径两边都混栽着品种多样的灌木和花卉，它们共同搭配出和谐的色彩。

△斯托海德庄园

△园中小径两旁混栽的植物

玫瑰在英式园林中扮演着非常重要的角色，它们有时是灌木形态，有时是攀缘形态。一位名叫大卫·奥斯汀的英国人，培育出许多新的玫瑰品种，它们保留着古老玫瑰的美丽，同时增加了清雅的香气。

△玫瑰

树木也是不可或缺的，园林建造者们常常喜欢寻觅来自遥远国度的稀有树种，例如巨杉、珙桐（鸽子树）和日本红枫。

△珙桐

请把这些英式园林中常见的树木补画完整吧。

日式园林

日式园林是遵照严格的规则建造的微型自然景观。在日式园林中，设计师大量运用水景和山石，并将铺在地上的沙砾用耙子耙出波纹图案，打造出禅意十足的园林景致。

日本人发明了“云朵修剪法”，即把乔木或灌木修剪成云朵的形状，这样人们的目光就会向远方延伸，从而产生视觉上的通透效果。

日式园林里，岩石象征神祇、动物或山。木结构建筑或石结构建筑（桥梁、房屋等）成为人们目光的焦点，并与周围景物融为一体。

△日式园林

△云朵状灌木

请把花园里缺失的建筑物补画完整，然后再给这幅画涂上颜色。

热带园林

热带园林并不是只存在于地中海区域。温和的气候条件下也可以种植热带植物，不过要选择那些广适性的植物。

在法国的布列塔尼大区就有好几个充满异国情调的热带花园！

19 世纪，人们将热带地区的植物引进到了欧洲。其中一些植物因为需要较高的环境温度只能种植在温室里，其他一些则可以适应温带地区的气候。于是，棕榈树、芭蕉、仙人掌纷纷出现在沿海地区的花园中，因为这里不会出现内陆地区的那种低温。

△沿海花园

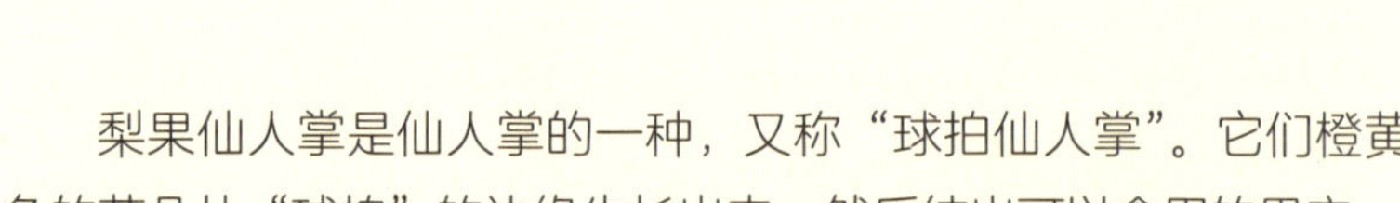

梨果仙人掌是仙人掌的一种，又称“球拍仙人掌”。它们橙黄色的花朵从“球拍”的边缘生长出来，然后结出可以食用的果实。

△梨果仙人掌

龙舌兰，原产于墨西哥，其尖锐的叶子可长达 2 米。人们需要等上 20 年才能看到它开花。开花时，其长达 5—10 米的巨大圆锥花序从莲座状的叶丛中抽出。开花后，莲座叶枯死，但幼芽会从植株的基部长出，开始新一轮的生命。

△龙舌兰

请把这株梨果仙人掌的花朵补画完整，并给它们涂上颜色。

用箭头把下面的棕榈树和它们的原产地连起来。
然后，你可以给它们涂上颜色。

华盛顿葵　龙鳞榈　蒲葵　王棕

美国　中国　古巴　牙买加

岩石园林

这类园林的名字来源于园中无处不在的石头。

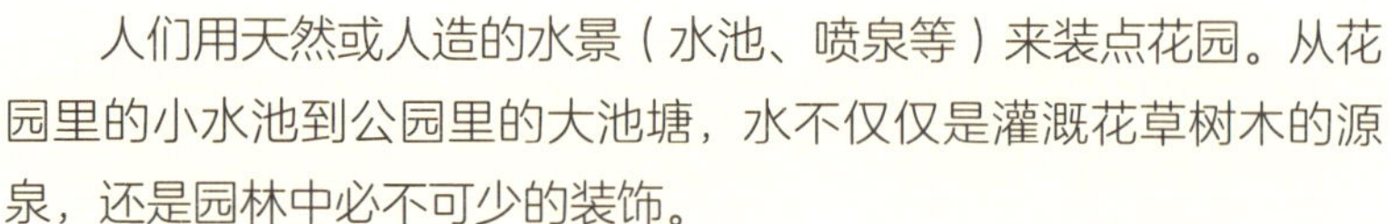

人们用天然或人造的水景（水池、喷泉等）来装点花园。从花园里的小水池到公园里的大池塘，水不仅仅是灌溉花草树木的源泉，还是园林中必不可少的装饰。

最初，岩石园林的建造目标是用微缩景观来呈现山的自然景致。因此，这种园林里的景物通常都处于不同的平面上，营造出高低错落的景观。人们会将大大小小、各式各样的石头与花草、灌木融合在一起。

睡莲只能在水中生存。其他一些植物则可以在水岸边生长，比如灯芯草、某些鸢尾科植物和菖蒲。

请把图中的瀑布补画完整吧。再把下面那些植物画在合适的位置上。
你也可以再添加一些景物，然后给这幅画涂上颜色。

哪种土壤适合哪种植物？

植物从土壤中获取养分，但并非所有的土壤都是相同的。土壤是生物质、有机质、矿物质、空气和水的混合物。这些成分按照不同的比例组合，就可以形成不同类型的种植土。

钙质土

这种土颜色较浅，通常混有许多石子。它主要适合虞美人、白车轴草和蓟草等植物的生长。

△虞美人

△白车轴草

△蓟草

黏质土

这种土湿度较大，能握成紧实的一团。它适合蒲公英、牵牛花和毛茛的生长。

△蒲公英

△牵牛花

△毛茛

轻质酸性土

这种土重量轻，土质疏松。金雀花和欧石南属植物喜欢它。

△金雀花

△欧石南植物

腐殖土

这种土几乎呈黑色，富含植物残渣分解后形成的腐殖质。它非常适合蕨类植物、荨麻和毛地黄的生长。

△蕨类植物

△荨麻

△毛地黄

你知道吗？

对于园艺师来说，了解土壤的酸碱度（pH 值）非常重要。碱性土壤（如钙质土）的 pH 值范围是 7.5~8.7，酸性土壤的 pH 值范围是 5~6.5，而中性土壤的 pH 值范围是 6.5~7.5。

请把下面的植物“种植”在适合的土壤中，然后再给这幅画涂上颜色吧。

钙质土

鸢尾　虞美人　牡丹花　风铃草　丝兰

黏质土

紫菀　雏菊　萱草　落新妇

轻质酸性土

杜鹃　绣球花　黄水仙　欧石南属植物

腐殖土

百合花　羽扇豆　山茶花　蕨类植物

园艺工具

到了冬天，一定要把园艺工具清理干净再收起来！

没有园艺工具，就没法儿打理花园！人们在土地上劳作需要适合的工具，还需要注意工具的保养。有些植物需要在温室里生长。温室的大小各不相同，特别小的那种可以用来育苗。阳台上也可以打造一间温室。

人们在开始种植花草之前，要先松土。翻松土壤的工具包括铁锹、钉耙等。除了这些传统工具外，在 20 世纪又有人发明了格雷内特阔叉（又称宽叉），它与铁锹或手扶机动犁的不同之处在于它不会搅动深层土壤，因此可以更好地保持土壤的生态系统。

△铁锹

△格雷内特阔叉

人们使用修枝剪、园艺大剪刀或绿篱机（带电机的工具）修剪灌木。

△修枝剪

耙子的种类和功用各不相同。人们用短齿耙平整土地，用长齿耙清理落叶。

△短齿耙

△长齿耙

人们用锄头来清理杂草。

△锄头

请观察每位园艺工人的动作，给他们“分发”各自需要的工具吧！

播种和栽培

你可以制定出自己的播种时间表。

大部分植物的最初状态都是一粒种子。一旦被埋进土壤里，而且生长条件（土质、温度、湿度）都适合的话，种子就会发芽、成长，直至生长为成熟植株。

△播种草种

不过，为了节省时间，人们也会直接栽种已经生长了一段时间的植株，比如已经生长了好几年的树苗。

不是所有植物都在同一时间播种或栽种。灌木和树木最好在秋季栽种，而许多花卉则适合在春季播种或栽种，以避免冻害。

有些植物，只能栽种其幼苗，因为它们属于嫁接植物，不能直接播种。绝大多数的果树都是嫁接植物。嫁接需要在砧木（母株）上切出一个切口，然后把想要嫁接的植物的接穗（枝）放到切口处的树皮下面，最后把它固定。

△树木嫁接

△树苗栽种

在下面这些植物里，找出通过种子繁殖的植物，再给它们涂上颜色。

银莲花
矢车菊
大丽花
金盏花
虞美人
郁金香
旱金莲
向日葵
百合
羽扇豆

你需要给这些植物涂上颜色：虞美人、矢车菊、旱金莲、金盏花、羽扇豆、向日葵

请你来画一个春天的花坛，把勿忘草、桂竹香和雏菊混种在一起；或者画一个夏天的花坛，种上天竺葵、滨菊和石竹。

鳞茎植物

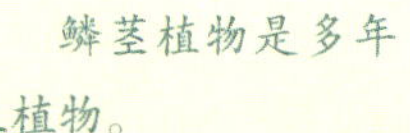

鳞茎是由植物的叶片转化而来的。它们为植物日后的生长储备了养分。为了使鳞茎更好地储备养分，一旦叶片开始变黄，就应该立即将其全部剪掉。

不同植物的茎形状千姿百态。鳞茎是一种构造很特别的茎，呈扁平或圆盘状。人们之所以能够培育出众多郁金香杂交新品种，就是因为它们可以通过鳞茎繁殖。现存的郁金香品种有 8000 多种。

△荷兰库肯霍夫公园里的郁金香

有一些鳞茎植物是在春天开花，比如番红花、水仙花和风信子。黄水仙是水仙花的一种。

△番红花和黄水仙

在夏天开花的鳞茎植物有：唐菖蒲、百合、大花葱等。

△大花葱

△唐菖蒲

△百合

当然，也有一些植物是从根状茎中长出来的，比如鸢尾和竹子。

请把下面的植物分别画在它们原产地的位置上。
注意，一些植物的原产地分布在好几个洲。

传粉昆虫

很多植物需要昆虫的帮助才能繁殖。实际上，雄蕊产生的花粉必须与雌蕊接触，才能使胚珠受精并发育成种子。雄花和雌花有时同株，有时异株。有些植物的花是两性花，即一朵花同时拥有雄性和雌性的生殖器官，比如苹果花。

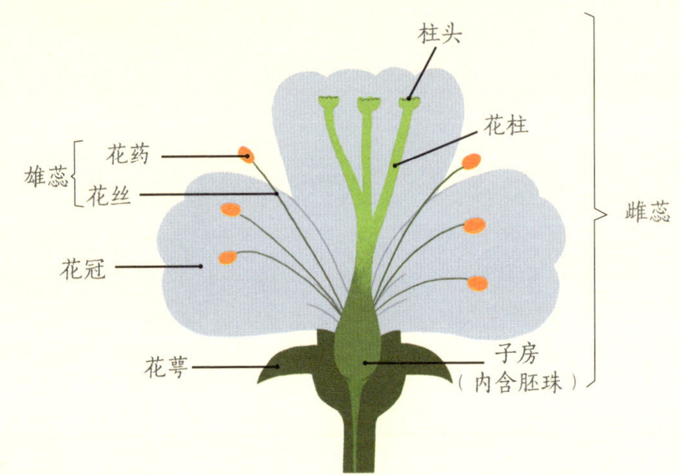

对于那些被蜜蜂放弃了的小型花朵来说，就只能靠苍蝇和食蚜蝇来帮忙授粉了。

△食蚜蝇

风和雨通常不足以使花粉飘落到雌蕊上，大多数情况下，要靠传粉昆虫来帮助完成这个任务。将近 80% 的植物都是靠昆虫授粉。传粉昆虫不仅限于蜜蜂，蝴蝶也能为植物授粉。

另外，还有一些甲虫也属于传粉昆虫，比如金花金龟和虎纹斑金龟。

△蜜蜂

△熊蜂和黑脉金斑蝶

△金花金龟

△虎纹斑金龟

请你来为昆虫搭建一个可以躲避危险的小木屋吧。
用木板搭建一个多层房屋，然后在每个隔间里放上不同的材料，因为不同的昆虫喜欢不同的小窝。很快，昆虫就会被你这座小木屋吸引过来啦。快来给它们涂上颜色吧！

蜜源植物

吸引蜜蜂和蝴蝶的植物属于蜜源植物。为人类提供营养的植物中有四分之三是蜜源植物。

你知道吗？将近 90% 的植物没有昆虫就无法生存。

这些植物会分泌出大量的花蜜供昆虫采食，还会产生大量的花粉，附着在昆虫身体上。昆虫会把花粉传播到其他植株上，以便使其受精。蓝色和黄色对蜜蜂尤其有吸引力，因此，菊蒿叶沙铃花和琉璃苣特别招它们喜欢。

△菊蒿叶沙铃花

△琉璃苣

许多树木开出的花朵，昆虫也非常喜欢，例如杏树、榛树、槐树和枫树。

△枫树的花和叶

△刺槐花

△杏花

△榛树朵

了解更多

草本蜜源植物包括：紫菀、矢车菊、欧石南、油菜花、桂竹香、薰衣草、羽扇豆、薄荷、蒲公英、鼠尾草、金盏花、三叶草、缬草等。

木本蜜源植物包括：杏树、樱桃树、枫树、榛树、苹果树、柳树、椴树、女贞树等。

请为这个花园添加一些蜜源树木和其他蜜源植物。
可以参考上一页提到的植物。

喜阴与喜阳

如果没有阳光，绝大部分植物都不能存活。

不同植物对光照的需求不尽相同。雏菊在背阴的地方很难开花，而凤仙花却可以在背阴处盛开。

将植物种植在什么方位，既要考虑光照问题也要考虑冻害问题（如果存在这种风险的话）。敏感的植物如果种植在朝东的地方，初升的太阳会把它灼伤；而如果把它种植在朝西的地方，阳光照射到它之前，它有足够的时间慢慢适应升高的温度。

大多数绣球花都无法忍受午后炽烈的阳光。早晨柔和的阳光才能促使它们更好地绽放。

△绣球花

朝北：绣球花、山茶花、铃兰

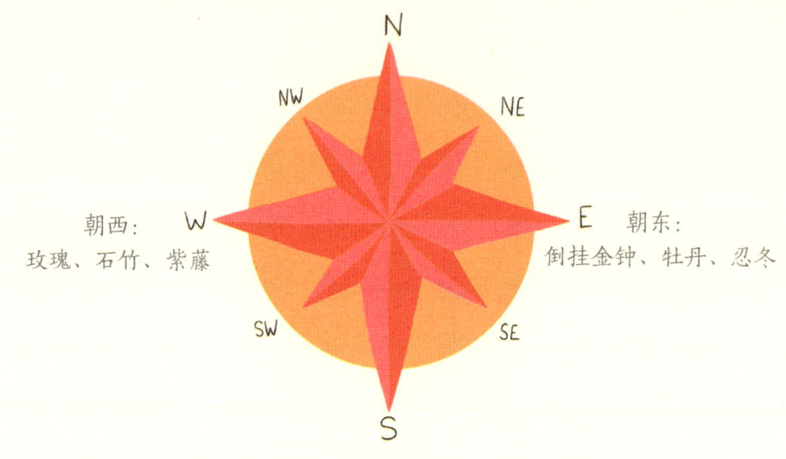

朝西：玫瑰、石竹、紫藤

朝东：倒挂金钟、牡丹、忍冬

朝南：茉莉花、木槿

那些秋天叶子会变红的树木，每天也需要一定时间的光照。

△枫树

蕨类和玉簪属植物都是喜阴的植物。

蕨　玉簪

请你把下面这些喜阴和喜阳的植物分别涂上颜色吧。可以参考上一页的植物图片。

园林用水

水是非常宝贵的自然资源，我们应该节约用水。

园林中所有的植物都需要水。雨水是首要的也是最主要的水源。气候变化使雨水变得越来越稀少，因此也更加宝贵。如今节约用水变得非常重要，人们也发明了很多节约用水的方法。

回收利用

可以在排水管的下方放置一个大水桶，用来收集雨水，这个方法非常简单。厨房里洗过菜的水也不要倒掉，可以倒进喷水壶重复利用。

草木覆盖层

永远不要让土壤表面裸露着。用草屑、枯叶或碎木覆盖在土壤表面，这样可以减少水分蒸发，其中的微生物还有助于增强土壤肥力。

浇水

浇水的时候应该对准植物的根部，而不是把水浇到所有的叶子上，而且最好选择在清晨或晚上浇水。间隔几天浇一次水，每次浇透，这样比每天浇水更好，因为前者有助于植物在土壤中积累大量的水分，从而促进地下根吸收水分。

请你找一个大塑料瓶，把它装满水，在瓶盖上钻一个孔，拧好瓶盖后将瓶子倒立着插进土里。然后在瓶子的底部扎一些小孔，这样水才能流出来。

市场上可以买到拧在瓶口处的陶瓷套口，出水会比我们上面介绍的塑料瓶盖更均匀。

请你把用来灌溉园林的工具画在合适的位置上，比如喷水壶、软管、洒水器和塑料瓶。

园林中的树

树木对地球上的生命来说必不可少。

除了果树，还有许多树木可以在园林中起到装饰作用。人们可以根据树木的叶子、花朵、树皮或形态来做出选择。

金雀花在五六月份会开出美丽的花朵，但它们是有毒的，它们的种子（荚）毒性尤其厉害。

◁金雀花

蔷薇科李属的一些树种很受欢迎，因为它们在春天开花时很漂亮。人们通常把它们的花称作“樱花”。

◁樱花

枫香树因其叶子在秋天呈现出绚丽的红色，而深受人们的喜爱。

◁枫香树

白桦因其叶子轻盈的姿态和树皮的颜色而备受青睐。

△中国白桦的树皮

人们种植柏木和意大利杨树，是因为它们优美的树形可以构成园林中亮丽的风景。

△柏木和意大利杨树

请把下面的花朵或果实与对应的树木用线连在一起，然后再给它们涂上颜色。

庭园玫瑰

突厥蔷薇（又称大马士革玫瑰）是香料行业最常用的原料。

玫瑰通常被誉为百花之王。现存的玫瑰品种有 3000 多种，都是从最初的野蔷薇（植物学上的名称）繁衍而来。我们在森林边缘或田边看到的犬蔷薇，就属于野蔷薇。

人们将玫瑰品种划分为古老玫瑰（1867 年之前培育出的玫瑰品种的统称）和现代玫瑰。玫瑰是通过选择育种以及在不同品种之间杂交的方式培育出来的。

19 世纪初，拿破仑·波拿巴的妻子约瑟芬·德·博哈奈喜欢收集各种各样的玫瑰花，她拥有约 250 个品种的玫瑰，其中许多产自英国。皮埃尔·约瑟夫·雷杜德（一位法国画家和植物学家）绘制了其中的很多品种，包括法国蔷薇（又称加利卡玫瑰）、麝香蔷薇和百叶蔷薇。

编者注：蔷薇、玫瑰、月季花同为蔷薇科蔷薇属植物，在欧洲语言中，通用“rose”一词表示。如今，我们所说的“玫瑰”已成为多种蔷薇属植物的通称。

法国蔷薇的花朵与犬蔷薇类似，都是单瓣花。麝香蔷薇可以长成高大的灌木。百叶蔷薇（又名包心菜蔷薇）具有球形的花朵、重叠的花瓣和独特的香气，很容易识别。

△麝香蔷薇

△百叶蔷薇
（皮埃尔·约瑟夫·雷杜德绘制）

后来，玫瑰种植者培育出现代玫瑰品种，这些玫瑰具有多季节重复开花的优点，也就是说它们在 5—10 月之间会多次开花。人们根据植株的高度，将玫瑰分为三大类：矮灌木类（1 米以下）、灌木类（1—3 米）和攀缘类（3—5 米）。部分攀缘类玫瑰的枝蔓长度可以超过 6 米。

△攀缘类玫瑰

现在，请你来画一个玫瑰花园，在花坛里和拱门处种满玫瑰。
你也可以剪一些玫瑰花的图片，然后把它们贴在上面。

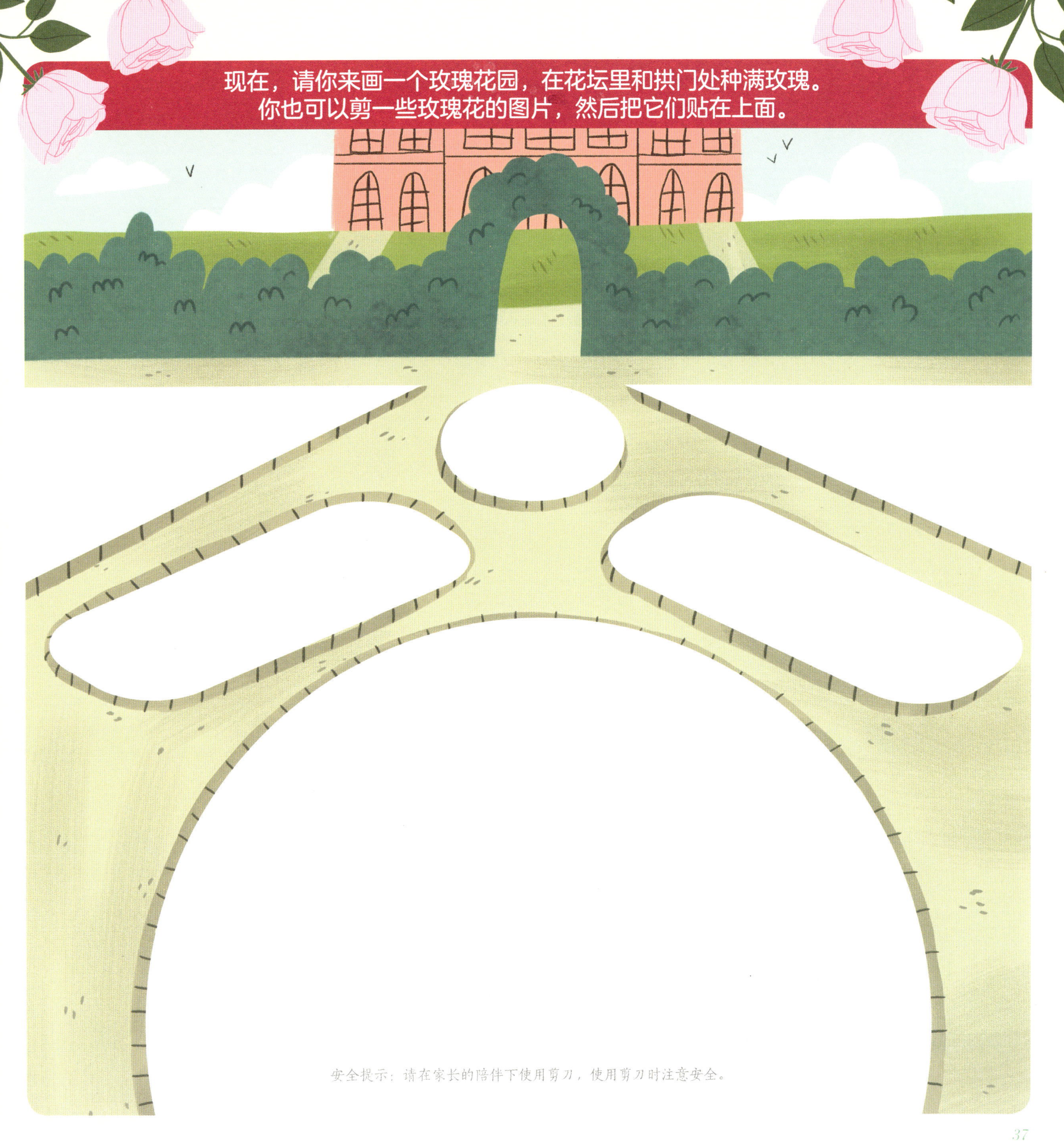

安全提示：请在家长的陪伴下使用剪刀，使用剪刀时注意安全。

外来入侵植物

其中最有名的就是凤眼莲（俗称水葫芦）。它们的生长速度非常快，可以在很短的时间内迅速扩展成一大片，把池塘或溪流整个覆盖起来，导致光线无法照入水中。

△凤眼莲

豚草生长速度非常快，它们对人类最大的危害在于其花粉非常容易引发过敏反应。

△虎杖

△豚草

许多引进植物（不管人类是有意还是无意引进的），会对本地的生态系统构成严重的威胁。这些植物快速地繁殖，侵占了本土植物的生存空间。

黄花水芭蕉（又称假海芋）生长在沼泽地区，在卢瓦尔河沿岸广泛分布。所幸这种植物生长得比较缓慢。为了有利于本土植物的生长，必须拔掉它们的根茎。

△黄花水芭蕉

黄花水龙是一种水生植物，人们为了装饰池塘，将其引进到法国。它们适应了法国的环境之后，就在水面上密密麻麻地铺展开来，致使光线无法照进水里，慢慢地大量水下植物和动物都无法生存了。人们几乎没有办法消灭它们。

△黄花水龙

这些外来入侵植物的原产地是哪里？请在地图上正确的位置画出每一种植物。

本书插图系原文插附地图

仙人掌类植物

仙人掌类植物和开黑色花朵的植物都属于不常见的植物。

在长期的进化过程中，仙人掌类植物的叶子逐渐退化并形成刺状，以减少水分蒸发，是耐旱植物。其肥厚的肉质茎可以储存植物所需要的水分。人们把用汁液形式储存水分的植物称为多肉植物，例如青锁龙属的植物或者芦荟。

这些植物大多只在地中海地区或者具有小气候环境的滨海地区的户外生长，比如法国布列塔尼大区的北部或诺曼底大区科唐坦半岛。但仙人掌的分布区域较广。

有些仙人掌类植物的形状比较圆，比如著名的金琥和月世界属仙人球。

△青锁龙

△加那利群岛的芦荟

△金琥

△月世界属仙人球

开黑色花朵的植物

黑色的花朵因为非常罕见，所以颇受追捧。它们在自然界中原本并不存在，只是某些植物品种的生物变种可以开出接近黑色的花朵。比如郁金香、鸢尾、矮牵牛和波斯贝母，都是这种情况。

△郁金香

△鸢尾

△波斯贝母

请你根据想象画一个长满黑色花朵的花园吧。

鲜花保存

鲜花一旦被剪切下来，就存活不了多久。不过，可以把它们晾干做成标本来保存！

18 世纪时，探险家们从遥远的国家带回植物后，试图把它们按科分类。为了保存这些植物，他们使用了腊叶标本制作方法。制作步骤是先把一段植物夹在两张纸中间，然后压紧。待植物干燥以后，将其贴在一张纸上并标注它们的名字。

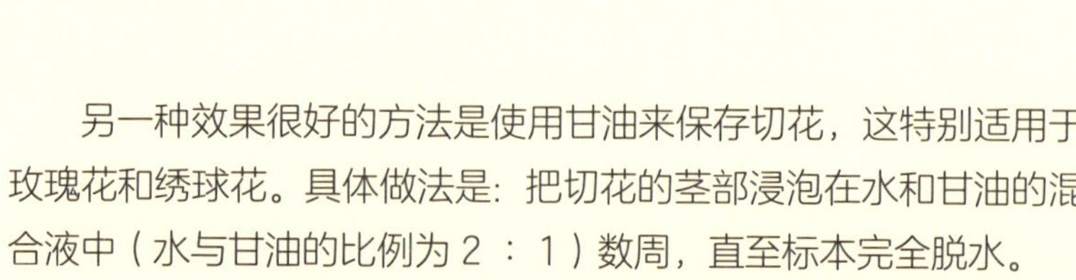

另一种效果很好的方法是使用甘油来保存切花，这特别适用于玫瑰花和绣球花。具体做法是：把切花的茎部浸泡在水和甘油的混合液中（水与甘油的比例为 2 ∶ 1）数周，直至标本完全脱水。

我们还可以使用硅胶（一种干燥剂）来制作干花。制作时只需将切花放在一层硅胶粒（硅胶粒有时也被用作猫砂）上，然后用硅胶粒将其完全覆盖，最后用容器将它们密封起来。干燥过程中需要时常进行检查，干燥所需时间根据切花的数量和种类而有所不同。

△植物标本

如果不是为了制作平整的植物标本以便保存，也可以把切花扎成花束进行干燥处理。只要把它们放在阴暗、通风且干燥的地方，倒挂晾干就行啦。

△倒挂的干花

硅胶粒 ▷

△干花花束

现在请你根据下面的步骤来制作自己的植物标本吧。

1. 植物必须新鲜，采摘后要立即把它们铺在一张纸上（你可以使用报纸、普通纸张或者吸水纸），然后再用另外一张纸盖在上面。

2. 把它们压在一摞厚厚的书本下面，或者夹在纸板中间。刚开始要定期更换纸张，避免植物发霉。通常情况下，植物需要几周时间才能完全干燥。

3. 完全干燥的植物会非常脆，很容易破碎，处理时必须十分小心。将植物转移到另外一张足够厚的纸张上，并用纸胶带固定好，不要使用塑料胶带或胶水。

4. 制作一个标签，写上植物的学名、采摘地点和采摘日期。接下来，你可以把这些标本页集中存放在一个活页夹里。

花　簇

夏天，花园里开花植物最多。你可以选择把同样颜色的花种在一起组成单色花簇，也可以把几种不同颜色的花混种在一起。白色与所有的色调搭配效果都很好。

叶丛与草本植物可以用来衬托花簇。

羽扇豆　半日花　风铃草

秋英　向日葵

金光菊　秋海棠　鬼针草　银叶菊　天竺葵

郁金香　毛茛

小窍门

制作虞美人花束时，必须在采摘后马上烧焦花茎的末端。这样可以防止里面的汁液流出来。要小心哟，这种汁液是有毒的！

请你把这个美丽的花束画完吧，然后再给它涂上颜色。

你可以添加蕨类植物或者树木等的叶丛，让整个花束显得更加繁密；或者相反，你想让花束显得轻盈，那就加上石刁柏之类的植物吧。

为了让花束在花瓶中保持平稳，所有的花茎长度应该大致相同。所以装瓶前，人们会把花茎剪切成一样的高度。

生态瓶

19世纪初，一位英国的植物学家为了把植物从遥远的国家带回来，发明了生态瓶。

生态瓶是在微小的空间（通常是一个玻璃容器）内建造的一个自然环境。为了使植物在其中能够存活，生态瓶内必须有适合它们生长的基质土。栽种在生态瓶内的植物必须小巧而且生长缓慢。

因为生态瓶与底部带孔的花盆不一样，浇灌的水没有办法流出去，所以在底部放上砾石是必不可少的，这样能够起到排水的作用。

多肉植物需要排水良好的土壤。这种土壤通常是由腐殖土、沙子和砾石组成的。

生态瓶里还可以摆放一些石头，以便营造出更加逼真并且富于变化的景观。

人们也会在里面放上一些盆景植物，就是那些通过反复修剪塑造出来的小型植物。

玻璃瓶是密封的，但并不妨碍植物生存。植物呼吸时释放出水和氧气，会在玻璃瓶壁上凝结形成水滴。水滴流下来被植物的根部吸收，这个过程循环往复。一般每年只需要往生态瓶里加一次水即可。

请根据下面的步骤，来制作你的生态瓶吧。

1. 选择一个漂亮的玻璃容器。容器口越小，植物就越难放进去（这时候就需要用到镊子了）。将容器清洗干净后，在其底部铺上一层 4 厘米厚的碎石或黏土球。

2. 在加入腐殖土之前，最好先放上一块毡垫，防止浇水时土和砾石混到一起。

3. 铺一层 5—6 厘米厚的基质土。

4. 栽上植物，再加入鹅卵石作为点缀。

图书在版编目（CIP）数据

我来创造未来世界. 3, 设计一座园林 / (法) 安妮·博迪耶著 ; (法) 约瑟芬·范德杜特绘 ; 周游译. -- 上海 : 上海社会科学院出版社, 2024

ISBN 978-7-5520-4389-1

Ⅰ.①我… Ⅱ.①安… ②约… ③周… Ⅲ.①科学知识—儿童读物 Ⅳ.①Z228.1

中国国家版本馆CIP数据核字（2024）第094230号

上海市版权局著作权合同登记号：图字09-2023-1175号

我来创造未来世界：设计一座园林

著　　者：［法］安妮·博迪耶
绘　　者：［法］约瑟芬·范德杜特
译　　者：周　游
责任编辑：杜颖颖
特约编辑：晋西影
装帧设计：乔雅琼　盛广佳
出版发行：上海社会科学院出版社
上海市顺昌路622号　邮编 200025
电话总机 021-63315947　销售热线 021-53063735
https://cbs.sass.org.cn　E-mail: sassp@sassp. cn
印　　刷：鸿博昊天科技有限公司
开　　本：787毫米×1092毫米　1/12
印　　张：4
字　　数：52.5千
版　　次：2024年9月第1版　2024年9月第1次印刷
审 图 号：GS（2024）2620号

ISBN 978-7-5520-4389-1/Z·087　定价：179.80元（全6册）